Collection dirigée par Chantal Pelletier

Du même auteur

Romans

J'ignore ce que me réserve encore mon passé
Le Dilettante, 2004

Tout s'avale
Le Dilettante, 2002 ; Points Seuil N° 1247

Requiem pour une huître
Le Dilettante, 2000 ; Points Seuil N° 943

Policier

Poulpe fiction
Baleine, 2005

Hubert
Michel

•

Mes péchés bretons

Exquis
d'écrivains

•

NiL
éditions

NiL

ISBN 978-2-84111-362-0
Design : Philippe Apeloig

Pour Carla, tendre cordon-bleu

Sucette

Beurre

Andouille

Invitation

Alcool

Huître

Galette saucisse

Bénédicité

Sitophile

Pain

Bretagne

Crêpe

Critique gastronomique

Pêche

Communion

Secret

Il n'y a de géographie sans ennui que gourmande.

Michel Onfray

Sucette

Il y eut les événements de Mai 68 dont je suivais les péripéties à la télé. Dans ma bouche, une sucette en forme de langue accompagnait ma prise de conscience politique. D'autres emplissaient la ceinture cartouchière de cow-boy de mon dernier Noël et, dans un sachet en papier kraft, une réserve se nichait dans le holster en plastique. Paré et toujours prêt à dégainer, à me fourrer une sucrerie entre les mâchoires, j'étais mollement avachi dans le canapé en Skaï du salon devant les actualités du midi puis celles du soir, de la première et unique chaîne.

Entre-temps, je ne faisais rien. J'attendais le retour de Zorro caché à Baden-Baden, étudiant les différentes nuances de ma confiserie préférée. Dure au bord des lèvres, elle fondait ensuite sur les papilles si je ne la croquais pas d'impatience – car j'ai toujours eu ce côté bouillant du gourmand. Généreusement sucré, le jus au goût de fruit, caramel, vanille... filait ensuite droit par la trachée-artère après une bruyante déglutition. Je caressais parfois l'intérieur de mes joues avec cette langue plate, jusqu'à les déformer, de sorte que des bajoues comiques me donnent aujourd'hui un faux air de feu Raymond Devos. Et quand maman voulait m'arracher mon bonbon à force de me voir sucer ainsi, je lui faisais remarquer qu'il était désormais interdit d'interdire.

Le Général finit par rappliquer. Bientôt, hélas, les futurs infirmiers psychiatriques, écrivaillons de polars, publicitaires, journaleux... cessèrent de balancer pavés et cocktails Molotov, rue Gay-Lussac, boulevard Saint-Michel, à Paris. Je volai de délicieuses sucettes chez l'épicier, quelques-unes sur le comptoir de la boulangerie, en bourrai mon cartable et, sur un mustang imaginaire, repris le chemin de l'école à l'instar de tous les bons cowboys et méchants Indiens de l'Ouest. Et papa ? Oui, papa. Eh bien, le cheveu long, le favori épais et le pantalon orange, soulagé par la fin de la révolte estudiantine, il rentra un soir en liesse à la maison : certain qu'elle ne serait pas brûlée, il avait acquis une Dauphine blanche toute neuve. *Sucette !* criai-je pour fêter dignement la bonne nouvelle et la reprise du travail dans les usines de confiseries.

Afin d'inaugurer l'auto, nous partîmes en famille pour une journée en Normandie. Ayant cru saisir que le but de cette virée était les plages du débarquement, je pris soin de passer un maillot sous mon short sur lequel je bouclai ma ceinture remplie de succulentes munitions à la mûre, cerise, framboise... Sans doute sous l'influence des épisodes de Mai, j'étais devenu très fruits rouges en ce mois de juin. Je n'ai d'ailleurs jamais oublié le jus de fraise de la sucette qui me divertit durant tout le trajet et de laquelle ne subsistait que le bâtonnet en bois quand je descendis de la Dauphine, à Sainte-Mère-Église.

– C'est quoi, ça, p'pa, contre le mur ?

– Un parachutiste, mon fils, le célèbre John M. Steele.

Mon frère cadet s'ébahissait du parachutiste suspendu à l'église. Je lui arrachai donc facilement des mains son roudoudou. Le côté acidulé de la mandarine allait agrémenter ma sage écoute, quoique troublée par les cris stridents du petit, des lointains souvenirs de guerre de mes parents. Ils évoquèrent les Allemands, les Américains, l'incendie de Fougères, sinistre spectacle auquel ma mère, alors enfant, assistait à dix bons kilomètres de là, perchée sur la branche d'un pommier de leur ferme. Un pommier ? Je tirai de ma ceinture une sucette à la pomme verte. Bon, on n'allait pas passer toute la journée à revisiter l'Histoire de France. La Dauphine quitta le stationnement et prit la route du retour.

À l'arrière, mes frère et sœur et moi-même réclamâmes la faveur d'aller nous amuser sur une plage. Après réflexion, papa suggéra celle de Jullouville. J'ôtai aussitôt mon short. À peine avais-je attaché ma ceinture de sucettes sur mon maillot de bain que ma sœur me proposait soudain et sans un regard une Pierrot Gourmand au caramel. La teigne avait trituré l'emballage, lissé le bâton de sa Pégé depuis le matin sous mes yeux jaloux afin de jauger mes capacités de résistance. Sans doute attendait-elle l'instant où je craquerais pour s'en régaler (elle détestait pourtant que je lui tire les cheveux) mais, soudain, non, cette sucette ne lui disait vraiment rien. *Tu la veux ?* Elle aurait préféré un Malabar.

En entendant ce mot, maman baissa illico son pare-soleil. Les yeux dans le rétroviseur, elle nous évoqua ce jour béni où le Pennsylvanien qui prenait ses aises dans la ferme de mes grands-parents lors des années de guerre, lui tendit une chose doublement curieuse : étrange au toucher, elle l'était encore en bouche. Maman venait de rencontrer le chewing-gum. Elle dit avoir d'abord ressenti une légère crainte puis un immense bonheur de mâcher cette pâte bizarroïde qui s'obstinait à ne pas vouloir s'avaler. Elle racontait son étonnement de voir une belle grosse bulle rosâtre gonfler aux lèvres du Pennsylvanien quand la Dauphine s'arrêta à Carolles. Carolles c'est mieux que Jullouville, assura papa qui se retiendrait encore quelques années avant de nous parler de sa guerre d'Algérie.

Deux heures plus tard, papa alla boire une bière en douce pendant que nous l'attendions dans la Dauphine en plein soleil. Il nous ramena des sucettes. Il avait choisi le même parfum pour nous trois afin d'éviter une chamaillerie qui lui aurait mis les nerfs en pelote.

Ces sucettes boules étaient révolutionnaires. Elles avaient débarqué l'année précédente de *Pampelune, de l'autre côté de la Lune* fit maman pour dire qu'elles étaient fabriquées en Espagne. Je me hâtai de déballer la mienne et, sitôt après en avoir détecté l'arôme, la retirai de ma bouche avec force grimaces. C'était franchement dégueulasse. Ce parfum – mais peut-on désigner ainsi un tel relent médicamenteux sans irriter la fraise des bois, la vanille caraïbe ou l'anis loué en son temps par Pythagore ? – était également nouveau, révolutionnaire dans nos contrées.

Petit frère et grande sœur se délectaient de cette ignoble confiserie. Décidément, je ne les comprendrai jamais. Bref, je planquai subrepticement mon Chupa Chups au coca-cola derrière moi, entre le siège et la banquette arrière.

Dix ans passèrent. Mon père m'offrit sa vieille Dauphine le jour où j'obtins le permis de conduire. Une révision fut nécessaire avant qu'elle ne connaisse enfin l'aventure. Après nombre de frasques et folles chevauchées sur les routes de la région, elle rendit l'âme. À la casse, je la regardai, ému, offerte aux coups de butoir d'une pelleteuse comme font les dents de lait sur les sucettes.

La semaine dernière, j'ai emmené ma famille à Berlin. Adossé à ma Mercedes devant la porte de Brandebourg, j'ai soudain repensé à cette pelleteuse qui avait dû broyer le Chupa Chups oublié pendant des années dans la Dauphine. Une association d'idées : j'évoquais à mes deux filles le jour où, armé d'un marteau, j'avais participé à la destruction du Mur. Elles m'écoutaient d'une oreille distraite. Leurs tendres joues étaient gonflées par les chamallows – un peu à la manière de Raymond Devos. Elles sont très guimauves, mes filles.

Beurre

Si je ne conçois pas mes repas sans pain, je n'entends pas ma tartine sans beurre. Le mariage d'une mie moelleuse ou grillée avec cet or onctueux suffit à mon bonheur déjà contenu dans l'opération consistant à étaler celui-ci sur celle-là. Pas n'importe comment. Il doit être couché avec grâce. J'aime à peaufiner ce geste et l'observe en douce chez les autres. Il est révélateur du savoir-vivre. Un signe d'élégance. On en a ou pas. Dieu, à l'instar du diable, est dans les détails, dans la tenue et la manipulation du couteau à beurre.

Du pain simplement beurré. Ainsi débutent toutes mes journées. C'est aussi mon coupe-faim idéal de chaque après-midi. Mais loin de me rassasier, cette collation ouvre mon appétit. J'en veux plus, dissimulant ma coupable gourmandise sous l'innocent prétexte de jouer avec les couleurs, les consistances – dont le jaune du beurre et sa tendre fermeté constituent la base constante.

Sur une nouvelle tranche, j'en répartis donc une épaisse couche. J'y dépose de fines rondelles de banane ou de minces portions de pomme. Ou bien, avec le fil de la lame tranchante, je râpe dessus un carré ou deux de chocolat noir. Beauté des copeaux irréguliers qui tombent et se figent dans mon essentielle matière – comme une grêle de mini galets dans le sable d'une plage au jusant. À défaut de tablette, pour une composition plus élaborée, j'y mélange une pâte à tartiner à la noisette. Ou l'y adjoins une confiture. Un miel, s'il le faut. Ce sont ces œuvres au beurre qui apaisent ma faim et me régalent au plus haut point. Et me revient l'audace de ma marraine qui m'initia aux délices des tartines de beurre salé saupoudré de sucre.

Avec le café noir du matin, je ne suis pas contre une viennoiserie de temps en temps, un pain au chocolat, une brioche ou un croissant que je tranche en deux pour l'accommoder avec ce que vous savez. Et rien ne me fascine plus que les yeux qu'il fait à la surface de mon arabica. Pour moi, ce sont des étoiles qui flottent dans la nuit ou bien des embarcations légères dérivant sur la Vilaine ou l'Odet. Pour l'en-cas d'onze heures, je le prône avec une mayonnaise ou une moutarde forte, l'ose avec un chutney. Afin de patienter jusqu'au déjeuner, il se contente aussi de l'œuf dur, du cornichon, du radis, de l'échalote émincée ou de la gousse d'ail concassée.

Parsemé de petits brins de ciboulette, c'est toute mon enfance qui accourt du jardin.

Quand j'arpente les rayons d'un supermarché ou d'une épicerie, j'envisage les aliments sous l'angle du beurre qui les rehaussera. Ils doivent en être dignes pour gagner mon caddie. À ce titre, conserves de sardines, d'anchois, filets de maquereaux, miettes de thon... tiennent le haut de l'affiche. Une fois égouttés, pas trop, de leur huile d'arachide ou d'olive, ces poissons de rien, associés au pain beurre, me rejettent à l'eau, chassent en une bouchée mes éventuels soucis et me redonnent goût à la vie.

Posées sur le sacro-saint corps gras, rondelles d'andouille, chorizo, saucisson sec ou, mieux, à l'ail... enchantent mes papilles autant que le plus croustillant sandwich au jambon de Paris, de Parme ou d'ailleurs. De toutes les charcuteries, il n'y a guère que terrines et rillettes pour lesquelles je consens y renoncer. Mais ne sont-elles pas elles-mêmes le beurre de l'animal ? En tout cas, il y a entre eux un indéniable air de famille.

J'aime le voir fondre doucement, se déliter avec grâce et lascivité sur les pâtes, la galette chaude ou la chair d'une demi-pomme de terre en robe des champs.

Sans lui, combien de sauces seraient restées dans les territoires inexplorés de la gastronomie ? Il va de soi que je l'utilise pour cuisiner. Il chante dans la poêle posée sur le gaz. Sa liquéfaction s'accompagne d'un grésillement qui va crescendo et m'est une douce musique. Mon oreille avertie sait la seconde précise où je dois y jeter la tranche de viande, le lard, la saucisse, y semer les champignons, y casser l'œuf ou verser l'omelette.

Je me réserve toujours un steak, une côtelette, un beau morceau de grillade ou d'escalope... pour les déguster froids avec du beurre lors d'un prochain repas comme je le fais avec les restes de pot-au-feu, ragoûts, rôtis, volailles.

Je ne saurais m'en passer avec le fromage. D'ailleurs, que garderai-je de mon père si ce ne sont les quarts de camembert dont il recouvrait la croûte d'un lit délicat ? Entre tous les desserts, je préfère les pâtisseries, les gâteaux au beurre. Le kouign amman, qui s'en repaît depuis des lustres, est mon péché mignon, ma galette des rois, mon gâteau d'anniversaire, ma bûche de Noël... et sera mon dernier repas.

« Il n'y a pas d'amour heureux » selon Aragon. Hélas, ma passion pour le beurre a aussi buté contre un écueil. Survenue trop tôt dans ma vie pour prétendre en guérir, je traîne le souvenir de cette désillusion comme un boulet et n'ai jamais osé aborder le sujet avec mes amis, aucun de mes hôtes. J'ai souvent songé consulter un psychologue ou solliciter l'aide d'un acupuncteur sans m'y résoudre. L'événement remonte à la mort de mon grand-père. Je n'avais pas dix ans. Après l'enterrement, au banquet régnait une ambiance de franche rigolade à la table des enfants. Mes chers cousins savaient animer tous les repas de famille. Je fus pris d'un fou rire aussi incongru que soudain. J'essuyais mes larmes de bonheur quand, ô divine surprise, mes yeux trempés aperçurent une croûte de pain égarée sur la nappe blanche. Un spécimen rare. Je m'en souviens parfaitement. Son cœur était doré à souhait et son pourtour brûlé comme il faut, légèrement incurvé, il mesurait environ trois centimètres sur trois. Il me le fallait. Il n'était pas à ma portée de main. Je le surveillais sans oser me lever, priant que personne ne mette le grappin sur cette pépite. Troublé, je ne riais plus. Au profit d'une diversion, je me levai, interceptai et mis dans ma bouche la croûte avant même de me rasseoir et qu'un autre ne me la chipe.

Mais, à son revers, je n'avais pas vu la trop

copieuse couche de beurre, déjà mou, en cours de liquéfaction sous l'effet de la chaleur ambiante, un beurre fatigué et vermoulu, plus que rance et dont j'assimile encore le goût amer à la forte odeur écœurante d'une vieille transpiration d'aisselle.

De cet événement date ma méfiance pour le beurre des autres, du beurre chez les autres. Je suis attentif à la couleur de sa robe qui me renseigne sur sa qualité, son âge et le soin apporté à sa conservation (car on le traite souvent avec dédain). J'observe avec minutie la façon dont la motte a été attaquée, si la plaquette est parsemée de miettes ou de quelque résidu alimentaire – rédhibitoire. Un coup d'œil sur le beurrier et le couteau peut suffire à me décourager. S'il est présenté dans son emballage, ce qui est de mauvais augure, j'étudie également celui-ci. Il doit être nickel, parfaitement curé, sans trace. En un regard, j'embrasse tout ceci. Peu de beurres résistent à mes critères. Je m'en prive la plupart du temps chez mes amis et il me faut pratiquer plusieurs fois un restaurant pour consentir à piocher dans son petit pot de beurre, surtout hors de Bretagne car il va de soi que de New York à Tokyo, de Londres à Pékin, quelle que soit la table, jamais l'on ne m'a vu ou ne me verra le goûter.

Andouille

Entrez, mademoiselle. Je suis heureux et fier de vous accueillir dans ma galerie. Admirez cette andouille de Guémené, le design très XXIe siècle de cet incroyable phallus qui pend au centre exact du plafond blanc. Une exceptionnelle baudruche de bœuf, n'est-ce pas ? Cette gaine noire ne se contente pas de capter la lumière, elle la réfléchit idéalement. Comment ne pas s'en émouvoir ? Avec une charcuterie de huit cent cinquante grammes, l'artiste a cristallisé toute l'œuvre de Pierre Soulages... Mais oui, très chère, je vous prie, il est permis de toucher. C'est une authentique andouille qui a séché neuf mois durant après avoir été fumée au bois de hêtre sous le contrôle vigilant de son génial concepteur – il existe une version vidéo de l'acte. D'ailleurs, selon le protocole de l'auteur, vous noterez l'arôme boisé qui flotte dans cette première salle, l'émouvante évocation de la période de gestation de cette pièce unique à 200 000 dollars US.

C'est une somme, j'en conviens, mais l'œuvre

est complètement ancrée dans notre époque post-moderne. Vous ne trouvez pas ? Au premier abord, en effet, sa forme évoque le plaisir lié au sexe mais, dans un second temps, nous ressentons comme un léger malaise, et un frisson nous traverse l'échine : le côté gourdin de l'andouille apparaît malicieusement. Dès lors, la répression policière dans sa transcription charcutière est patente. Pourtant, me direz-vous, elle est douce au toucher, mon andouille. Violence et douceur, cette apparente contradiction qui vous étonne, chérie, n'est en réalité que l'allégorie du sadomasochisme ambiant. Mademoiselle, vous êtes pile sous une œuvre emblématique ! Convenez qu'avec la Guémené, la perfection est cette fois atteinte, et sans doute jusqu'à la fin des temps. Rigueur dans la conception, élégance dans la finition, le secret de tant de beauté ne trouve son égal que dans ses rondelles. Ah, ses rondelles ! Allons les voir dans la salle suivante. Vous permettez. Donnez-moi la main. Merci.

L'odeur de foin qui exhale ici n'est pas due au hasard. Elle fait écho au *work in progress* de l'artiste qui a plongé l'ensemble de ses pièces dans un bouillon parfumé au foin – je vends aussi la vidéo du geste. Cet arôme rural, que je qualifierais volontiers *effluve de grenier*, est une habile transition vers les séries numérotées de rondelles. Celles-ci sont présentées sous cloches de verre lesquelles, par un ingénieux mécanisme, tintent midi et soir à l'heure de l'apéritif. Je salue encore une fois la clairvoyance et l'audace du maestro qui dénonce par ce biais les codes de nos sociétés ultra-capitalistes. Pour tout dire, il les renverse. L'apéritif évoque en effet le salé des amuse-gueules. Or c'est le poivre, celui-là même qui exalte notre chère andouille, qui est maintenant suggéré. Immergé de son plein gré dans cette atmosphère, le spectateur des rondelles de Guémené se remet en question et, dans l'idéal, bouleverse ses comportements dès qu'il quitte ma galerie.

Penchez-vous, ma grande. Je disais beauté. Quel euphémisme ! Il suffit pour s'en convaincre de poser le regard et l'esprit sur cette rondelle, par exemple, oui, celle-ci. Encore faut-il l'oser. Osez affronter cette andouille. Contemplez son cœur, la composition parfaite des meilleurs *chaudins* du cochon, ses boyaux. Et ces vingt-cinq autres, pas un de moins, pas un de plus, qui encerclent ce cœur rose, mignon comme tout, en un gracieux esthétisme sans pareil. Souvenez-vous de Jasper Johns, ma petite. Le maître américain a fait une identique tentative avec ses cibles mais, en regard de ce que vous voyez présentement, vous pourrez affirmer dans votre article qu'il n'a pas totalement réussi dans son entreprise. *L'art est ce qui rend la vie plus belle que l'art* disait à juste titre Robert Filliou. Eh bien, nous y voilà, chérie. Personnellement, je jubile.

Passons pour finir dans la dernière salle. Le personnage en cire qui se baigne à poil dans cette marmite de purée de pommes de terre brûlante, vous l'avez reconnu, c'est l'artiste. Il s'identifie complètement à son œuvre. Que dis-je ? Il se confond avec elle. L'artiste en andouille, il fallait y penser ! Il semble nous exhorter à le déguster. C'est pourquoi, ma tendre, je vous invite à goûter cette rondelle labellisée dont vous jugerez en experte l'édifiant parcours. Consacrée à la Biennale de Venise, glorifiée à la Documenta de Kassel, cette Guémené-sur-scorff s'envole demain, avec moi, pour Shanghai. Une exposition personnelle d'un mois, signe suprême et preuve définitive de l'ouverture de la Chine à la modernité. Vous m'y accompagnerez, mon amour ?

Invitation

Printemps. Je cheminais sur le trottoir quand, soudain, oui, pas de méprise, là-bas, j'aperçus mon vieil ami infidèle : Jacques Bénigne boitillait dans ma direction. Les aléas de sa vie compliquée nous avaient éloignés pendant plusieurs mois. Nous saluâmes l'heureux hasard qui nous jetait de nouveau dans les bras l'un de l'autre. Il s'accrochait à la peinture et était même sur le point de vendre une toile. Il évoqua sa compagne Geneviève puis, perplexe, me demanda si je connaissais le peintre Claude Viallat.

— Et comment ! C'est même en regardant tes tableaux que je l'ai connu.

— Eh bien, continua-t-il, il est venu dîner hier à la maison !

Pour l'occasion, Geneviève avait concocté un poulet au cerfeuil. Divin ! Jacques Bénigne me détailla la préparation de ce plat à la saveur si raffinée pour lequel il fallait procéder par petites touches pour atteindre la perfection. La volaille ayant oublié d'être parallélépipédique, souligna-t-il, la dorer sur toutes ses faces relevait du grand art, et malaxer le beurre avec le cerfeuil haché ne s'improvisait pas davantage. Un minimum de réflexion sur ce que doit être le mariage des arômes était fondamental pour obtenir toute la quintessence des petits oignons et du laurier qui entraient dans la composition de cette recette. Jacques Bénigne me répétait de mouiller avec un verre de vin blanc quand il se tut soudain.

– Il faut que j'y aille. Viens manger un soir à la maison, frérot, conclut-il en m'étreignant dans ses petits bras.

– Quand tu veux, fis-je.

Je m'en léchais les babines par avance.

Été. Je lisais sous un platane quand Jacques Bénigne vint à passer. Il sortait de chez son éditeur.

– Tu le connais ? se préoccupa-t-il de savoir en m'embrassant.

– Si je le connais ! Mais c'est moi qui te l'ai présenté. Tu ne te souviens pas ? m'interloquai-je.

– Non, répondit-il avec son naturel à nul autre pareil.

Il enchaîna avec le dîner de la veille, justement

avec cet ami éditeur qui, en fin gourmet, avait apprécié à leur véritable valeur les homards rôtis au beurre d'estragon de Geneviève. Selon Jacques Bénigne, il ne fallait pas s'abuser, la recette apparemment simple ne l'était pas. Il insista sur la nécessité de fendre en deux les homards encore vivants. Notamment pour la beauté du geste. Il convenait de les enduire ensuite de beurre, attention, de beurre fondu, afin qu'ils jouissent du même plaisir à griller que celui des convives à les déguster. Le parfum d'estragon était le point d'orgue de cette merveille.

— Oh ! là, là ! Il faut que j'y aille. Viens manger un soir à la maison, petit frère, me glissa-t-il en m'embrassant les joues.

— Avec plaisir, répondis-je.

J'en avais déjà l'eau à la bouche.

Automne. Quelle étoile prévenante m'avait poussé jusque dans ce quartier ? Jacques Bénigne sirotait sa bière à la terrasse d'un bistrot. Il s'enquit aussitôt de savoir si j'avais eu vent de l'existence de l'écrivain dont il brandissait le roman. Il en avait lui-même illustré la couverture.

— Ah, lui, au moins, s'exclama-t-il, un grand écrivain, quel talent !

Deux jours auparavant, le célèbre auteur avait été convié à la table de Jacques Bénigne qui lui avait affirmé :

– Ne t'inquiète pas, mon ami, tu verras, tu auras le Goncourt...

Il l'eut !

Ce soir-là, Geneviève avait été spécialement heureuse de se mettre aux fourneaux. Un lapin sauté aux morilles. Quel régal ! Aux premières heures du jour, la maîtresse de maison s'était rendue à Rungis pour être sûre de ne pas se tromper sur les morilles. Pendant l'émission *Questions pour un champion*, l'animal coupé en morceaux avait doré à feu doux dans la sauteuse de Geneviève, laquelle avait ensuite jeté les échalotes hachées, le vin jaune du Jura et la crème fraîche épaisse.

– Attention, prévint Jacques Bénigne, vingt centilitres, pas plus !

Il s'excusa de devoir y aller et concéda regretter de ne pas me voir assez souvent.

– Il faudra venir manger à la maison, petit frère, conclut-il en déposant un furtif bisou sur ma bouche surprise.

– Pourquoi pas ? répondis-je en salivant à cette perspective.

Je payai sa bière puis le regardai s'éloigner. Ne pas oublier : vingt centilitres de crème épaisse.

Hiver. À un carrefour, un frisson me parcourut tout le corps. Je me retournai brusquement. Botté, bonneté, ganté, emmitouflé dans sa pelisse, Jacques Bénigne venait de me balancer une boule de neige. Il s'approcha.

— Ton plat préféré ! lança-t-il.

Geneviève avait mitonné un pot-au-feu pour la réception d'Olivier.

— Il ne t'aime toujours pas, celui-là, ironisa-t-il.

Je bavais d'envie en rêvant des queue de bœuf, plat de côtes, gîte, carottes, poireaux, navets... que savait me préparer, jadis, la femme d'Olivier. Et le bouillon ! Elle le servait brûlant, un peu gras, avec du vermicelle. Nous le terminions en faisant chabrot, agenouillés devant le sapin de Noël.

Le feu passa au vert, nous traversâmes à petits pas le passage clouté enneigé. Sur le trottoir d'en face, Jacques Bénigne déplora de ne pouvoir s'éterniser.

— Viens donc dîner demain soir, à neuf heures, frangin. Je ne reçois personne. Geneviève sera contente de te faire un bon plat chaud, dit-il en me serrant la main avec sa moufle trempée de neige.

Il ajouta qu'une bouteille de vin rouge serait la bienvenue.

– Avec joie, répondis-je, hanté par l'image de l'os à moelle poché dix minutes dans le bouillon du pot-au-feu.

J'achetai un bon millésime et frappai chez Jacques Bénigne à heure dite. Geneviève ouvrit, m'invita à entrer. Longeant la cuisine, je vis l'épais nuage de vapeur qui envahissait la pièce. Hum ! Madame me désigna le canapé du salon avant de retourner à ses casseroles. Un verre d'eau comme compagnie, je l'entendais fignoler son plat en chantant à tue-tête les airs du film *Les Choristes*. Une heure plus tard, son compagnon arriva pour me détacher de ma solitude.

– Ah ! C'est toi, dit-il, je t'avais oublié, petit frère.

Il mit des charentaises et nous nous installâmes à table.

– Hé ! cria l'ami vers la cuisine.

Geneviève apparut radieuse avec un énorme faitout. Elle ouvrit le couvercle et une fumée dense s'échappa, dévoilant bientôt de délicieuses pommes de terre à l'eau. Le cordon-bleu avait fait preuve de génie de les accompagner de fines tranches de jambon blanc. Hélas, il n'y avait plus de beurre et Geneviève suggéra de le remplacer par un filet d'huile.

– J'espère qu'on en a, dit-elle.

– Est-ce que tu connais..., commença Jacques Bénigne en plantant sa fourchette dans une patate.

Alcool

Par un après-midi d'été, notre bande jouait à cache-cache chez mon copain Hervé. Tapi en silence derrière un des deux tonneaux du cellier, je n'entendais que le roulement sourd des vagues. Il flottait une bonne odeur de cidre dans l'appentis. Elle m'excitait, cette odeur familière, attisait ma soif. Sans ciller par crainte d'être découvert, j'imaginais avec envie la belle couleur cuivrée du breuvage. Je reniflais le cul du tonneau en salivant. J'avalerais un litre de ce cidre frais !

Des cris me parvinrent du jardin et de la maison : la partie se dénouait petit à petit. Les minutes s'écoulèrent. Personne ne venait rôder de mon côté. J'avais la conviction d'avoir été oublié. Tant pis. Je n'aspirais qu'à me désaltérer. Je finis par sortir de ma cachette et m'accroupis devant le plus petit des deux tonneaux. J'ouvris le robinet du cidre au-dessus de ma bouche. Le liquide coula. Je poussai un hurlement d'horreur. La bande se précipita dans le cellier. Je m'étais trompé de tonneau. Je venais de boire mon premier calva.

En 1980, je fis du stop. Vers Ljubljana, une voiture s'arrêta. Deux hommes à bord. Je m'assis à l'arrière. Entre les cuisses du conducteur, je vis une bouteille d'alcool de prune. Le passager ôta bientôt sa casquette puis sa veste d'officier. Une fois déchaussé, il entreprit de déboutonner sa chemise. D'un geste brusque, il rafla alors la bouteille, avala une rasade. Il éructa. Le chauffeur l'imita et lui rendit le précieux bien.

Indifférents à ma présence, ils devinrent hilares tout en causant bruyamment avec de grands gestes. Je n'entendais pas plus le quatuor à cordes diffusé à la radio que je ne comprenais leur langue. Nous foncions sur la route étroite et tortueuse. Le pilote exigea une gorgée. Leurs rires commençaient à m'inquiéter.

Au prix de délicates et vives contorsions, le passager retira soudain le pantalon de son uniforme avant de me jeter sa chemise dont je ne sus quoi faire, et porta de nouveau le goulot à la bouche. En chaussettes et caleçon, il balbutia dans un mauvais anglais si je désirais boire. D'ailleurs, je le devais ! La lampée faillit m'étouffer. Ils s'abreuvaient souvent, riaient de plus belle, fumaient à présent. J'avais hâte d'être à Ljubljana.

La nuit tombait quand la voiture se gara sur un terre-plein, en rase campagne. Le conducteur disparut dans une guérite. J'étais seul avec un homme quasi nu qui me lançait des regards en se caressant lascivement le torse velu. Il me tendit la bouteille. Je goûtai. Il m'intima l'ordre de boire davantage. *Good*, cria-t-il, *slivovice, good !* Je m'exécutai et sifflai jusqu'à la dernière goutte. Je voyais flou, ma tête tournait, on cognait avec rage dans mon crâne, ma gourde d'eau était restée dans le coffre. Ils me violeraient d'abord. Me dilapideraient ensuite. Je bafouillai être désolé d'avoir tout avalé. Le militaire éclata de rire et me désigna son copain de retour avec une fiole dans chaque main. *Slivovice !* hurla-t-il encore en attrapant un sac de sport à ses pieds.

Il en tira un jean et un tee-shirt, s'habilla dare-dare pour sortir. Sur le capot, les deux hommes décapsulèrent les bouteilles et avalèrent d'un trait le contenu. Le quatuor à cordes ne finissait pas ses lamentations. Une tristesse infinie ! Le chauffeur se retourna soudain et me brandit le cadavre en criant *Tito is dead. Kaputt, today !* C'est lui qui s'écroula le premier.

Le soleil semblait vissé au zénith. Les bières peinaient à mousser. Même les nuits étaient torrides. Au cœur de celles-ci, dans mes chambres d'hôtel minables, les canettes en verre de soda et d'eau gazeuse explosaient sous la pression des bulles. Au-dessus de mon lit, les pales des ventilateurs sommaires ne brassaient qu'un air chaud. Je suais à grosses gouttes et avais perdu l'espoir de redormir un jour. Je descendais vers les îles Mujeres.

Un vieux bus bruyant et caniculaire me bringuebalait depuis des heures. À mon côté, un édenté s'assommait à coups de tequila. Me sentant en péril sur la route en zigzag du Jalisco parmi les agaves bleus, je décidai de débarquer au prochain village. L'épave stoppa au centre du *zócalo*. Pas un souffle d'air ni un nuage, pas un signe de vie. J'avais envie d'ombre, besoin d'un rafraîchissement. En ramassant dans la poussière mon bagage balancé du toit de l'autocar, j'aperçus des tentes dressées tout autour de la place. Auvent levé et d'un blanc identique, elles étaient vierges de toute inscription. Leur présence me réconforta. Le sac en bandoulière, je m'en approchai, les pieds à la traîne, la langue pendante, la gorge sèche comme les White Sands. Je rêvais sans doute aussi d'un bon lit. Je me réveillai dans un hôpital de Guadalajara.

Dans les tentes du village, des paysans locaux proposaient une dégustation d'alcool. J'avais accepté. Un tord-boyaux à quarante degrés sous une température de quarante degrés. Le verre d'un hôte ne se refuse pas. Le premier me rappela la bonté des hommes, le deuxième la beauté des femmes, le suivant la brièveté de la vie. Au quatrième, me dit-on, je m'étais écroulé en criant *Viva Zapata ! Viva México !* Avant de perdre connaissance, j'avais pris la précaution d'acheter un authentique mezcal fermier. L'honneur était sauf.

J'avais dégoté un billet ! James Carter était mon saxophoniste préféré. Il se produisait le soir même au Blue Note. Depuis mon arrivée à New York, la perspective de ce concert m'obnubilait sans savoir comment combler mon impatience. Vers six heures, je sautai dans un *yellow cab*, direction Central Station.

Au bar du Oyster bar, je réclamai un Jack Daniel's. Sans glace.

James et Jack m'étaient inséparables, si j'écoutais l'un, je dégustais l'autre. D'ailleurs, ce merveilleux breuvage du Tennessee m'accompagnait sur tous les morceaux de jazz que j'appréciais. Notamment ceux de Coltrane. Fortuit ou pas, il jouait à présent dans les haut-parleurs de l'endroit. Je commandai un deuxième Jack Daniel's. *No ice, please.*

Je rêvassais sur la couleur ambre de mon nectar. Un bar. Rennes. Kristelle. Je l'avais rencontrée sur *Blue Train* de John Coltrane. *Qu'est-ce que tu bois ?* lui avais-je demandé. *Un Jack Daniel's sans glace, pour commencer*, annonça-t-elle. *Pareil*, fis-je au serveur. Ah, Kristelle ! Ma belle étudiante de Quimper. Nous vécûmes près de quatre mois ensemble. Il nous arrivait de mélanger notre alcool préféré à la rousseur d'une bière irlandaise. Nous appelions ce cocktail détonant un *plouf*. Dix ans que nous étions séparés. Autant sans nouvelles.

Repenser à cette fille, sur Coltrane, dans un bar new-yorkais, il y avait de quoi pleurer. Mon chagrin, c'est Jack Daniel's qui l'apaise. J'en exigeai un double au garçon. *Pas d'ice, surtout !* Je lui demandai le téléphone. Il désigna la cabine d'un doigt tendu. J'y courus après avoir avalé d'un trait mon verre, composai le numéro, attendis. Il n'était plus attribué. Kristelle avait déménagé sans me prévenir ! Tout au long de sa vie, elle n'aura cessé de me torturer.

Neat Jack, please ! demandai-je en reprenant place sur mon tabouret. Je le bus en embrassant du regard la salle du Oyster bar. Kristelle, qui adorait pourtant les huîtres, n'était assise nulle part. Je lui en voulais. J'avais la sale impression d'être victime d'un lapin. J'étais seul, abandonné. Triste vie. Comme toujours, je soulageai le poids de ma solitude dans un Jack Daniel's.

Straight !

J'avais accepté la proposition de mon voisin et trinqué à notre rencontre avec un Jack. L'amitié est inconcevable sans celui-ci. Je lui rendis évidemment la pareille puis, incapable de lire, lui montrai ma montre pour qu'il me dise l'heure. Je sursautai. Comme le temps avait passé ! Mon concert ! James Carter ! Je devais partir. D'ailleurs, deux hommes me reconduisaient déjà sans ménagement vers la sortie. *À l'Apollo !* balbutiai-je au taxi. Devant le club, je ne reconnus pas James Carter sur l'affiche. Il avait été déprogrammé ! Je commençai à crier au scandale quand on me tapota l'épaule. Je me retournai. L'individu esquiva mon coup de poing et me recommanda de me calmer avant d'expliquer ma méprise. James jouait au Blue Note, pas à l'Apollo. Dépité, je poussai la porte d'un bar animé. J'allais me réconforter avec un petit whiskey. Si je bois du Jack Daniel's, je bois un Jack Daniel's.

No ice, please !

C'est nous les gars du Finistère
On n'est pas, on n'est pas, on n'est pas nés
[d'la dernière guerre
Il nous faut, il nous faut, il nous faut bien
[un tonneau de bière

Refrain 1 :
Et du calva,
Breiz o veva !
Du calva et du vieux rhum
(Chœur de filles :) *Pour nos bons hommes !*
Et de l'hydromel (bis)

Je suis le fils du cardinal
Et je me marie lundi, et je me marie lundi
Avec la fille du caporal
Apportez-nous de l'eau-de-vie !

Refrain 2 :
Ah ! C'est bon c'est bon c'est bon
Ah ! C'est bon comme du bourbon
Ah ! Ce s'ra bon, s'ra bon, s'ra bon,
Quand nous serons tous bien ronds.

C'est nous les Costarmoricains
On n'est pas, on n'est pas, on n'est pas nés fils à machin
Il nous faut, il nous faut, il nous faut bien un baril
[de vin

Refrain 1
Je suis le fils de ma marraine
Et je me marie mardi, et je me marie mardi
Avec la fille du capitaine
Apportez-nous du bon whisky !

Refrain 2
C'est nous les gars d'Ille-et-Vilaine
On n'est pas, on n'est pas, on n'est pas nés
[fils de la reine
Il nous faut, il nous faut, il nous faut bien
[un fût de chouchen

Refrain 1
Je suis le fils du commandant
Et je me marie jeudi, et je me marie jeudi
Avec la fille de l'adjudant
Apportez-nous du Martini !

Refrain 2
C'est nous les gars du Morbihan
On n'est pas, on n'est pas, on n'est pas nés
[fils à maman
Il nous faut, il nous faut, il nous faut bien plus
[de remontant

Refrain 1
Je suis le fils du commissaire
Et je me marie sam'di, et je me marie sam'di
Avec la fille de monsieur le maire
Apportez-nous du bon brandy !

Refrain 2

Huître

Un vendredi matin d'un mois en *r*, à l'heure de la marée basse et de ma sereine collation sur une sonatine de Wolfgang Amadeus Mozart, je contemplais une cancale couchée sans pudeur dans sa coquille ouverte sur une porcelaine de Limoges. Elle allait s'offrir à moi, ainsi, tout entière et nue, sans chichis, je veux dire sans l'ajout aussi inepte que cruel d'une goutte de citron ou d'une cuillerée de vinaigre. De l'admirer et chercher ce qui pourrait être son œil, sans douter qu'elle avait un cœur, je vivais l'intense bonheur que seule, depuis un douloureux divorce et mon dédain pour le football, l'huître bretonne est capable de me procurer. Devant sa sensualité qui émanait de son calibre exceptionnel dit *pied de cheval*, la belle pesait ses cent soixante grammes sans en avoir l'air, mes larmes s'étaient mises à couler et certaines se mêlaient déjà aux précieux centilitres de Manche, dont l'écrin nacré de la délicate huître plate était gorgé. Cette chair à la fois ferme et souple allait ravir mes sens de sa saveur salée quand, soudain, la sonnette de l'entrée retentit, brisant net la lente et béate ascension de mon plaisir. À contrecœur, j'allai ouvrir.

Il n'y avait personne. Sur le paillasson du perron, on avait déposé une bourriche de cinquante huîtres. Bizarre. Je perçus aussitôt le caractère empoisonné de ce cadeau venu de loin : c'étaient des bouzigues. Je parvins difficilement à décrypter le bref message qu'un certain Sergius Orata avait écrit à l'encre de seiche. *En votre hommage*, signait l'inconnu. Revenu à ma table, je me lamentais auprès de ma chère cancale : un olibrius sétois avait lu *Requiem pour une huître*, mon premier livre. Hélas ! *Que vais-je faire de ces bouzigues ?* demandai-je perplexe à la demoiselle lovée dans sa jolie coquille. Elle parut suggérer d'inviter quelques copains à venir les gober. Bonne idée.

Ils se partagèrent ces huîtres méditerranéennes, le regard avide sur ma personne qui se délectait en toute simplicité de moelleuses morlaix-penzé aux fines saveurs d'algues. Je les devinai bientôt jaloux. Il y eut un silence boudeur lorsque j'attaquai la première de mes dix-huit distinguées belons dont ma bouche conserva longtemps le goût du rouget, les arômes de miel, de caramel et de pain frais que la nature leur a si heureusement instillés. Nous sommes une poignée d'initiés à savoir les déceler, parmi lesquels mes quatre ou cinq convives de ce soir-là. Je les privais du bonheur suprême. Prenant conscience de leur frustration, j'avalai une gorgée d'entre-deux-mers et m'essuyai les lèvres pour m'aviser : *Ça descend ?* En guise de réponse, la tablée sourit jaune et je la crus victime d'indigestion. Mais je présume *a posteriori* qu'elle pressentait plutôt ce qui m'échappait encore : chaque vendredi des mois en *r*, Sergius Orata de Sète me ferait livrer cinquante bouzigues en y joignant un identique billet. *En votre hommage.*

Semaine après semaine, las des huîtres de cet admirateur, surtout vexés de ne jamais pouvoir piocher dans mes assiettes de quiberons, de goûteuses pénerfs, de croquantes paimpols ou de nacres-des-abers, à la robe blanche cernée de noir qu'on les croirait parées pour quelque bal, mes amis quittèrent ma table puis s'éloignèrent définitivement de mon cercle.

Mon drame n'est pas tant d'avoir perdu ces relations que de devoir m'organiser pour me débarrasser de la satanée bourriche hebdomadaire. Il me faut dorénavant courir les cantines scolaires et restaurants d'entreprise, l'Armée du salut, le Secours catholique, tout ce que le canton compte en soupes populaires ou associations de charité, et demander, comme je me targue de le faire aussi auprès des intermittents du spectacle affamés, si ces modestes bouzigues les intéressent. *On préférerait cent fois des bretonnes !* me rétorque-t-on inlassablement en saisissant le panier d'Orata. Puis je file sur le port m'emplir les poumons d'air marin et choisir mes chères huîtres de notre cru. Car, amis de l'Hérault, frères et sœurs du bassin de Thau, si je ne m'oppose pas au commerce de votre bouzigues et peux lui reconnaître d'indéniables qualités telle sa subtile saveur de noisette, elle ne saurait remplacer, dans mon cœur et mon assiette, l'huître de Paimpol grasse à souhait, la belon divinement iodée, la cancale dont le goût ample inspire parfois ma prose décadente. Je vous le dis à cause de Sergius Orata. Je lui en veux.

Je viens de mettre Wolfgang sur la platine et d'ouvrir, comme on pose un regard voyeur dans la chambre d'une étudiante, la coquille ronde d'une pénerf. Blottie dans son lit de nacre d'une blancheur de neige himalayenne, j'en hume les arômes iodés, les parfums de goémons. Elle est charnue, ferme et discrète. C'est ainsi que je les aime. Je la sais également fraîche, pleine de vie comme ces adolescentes qui, à la façon des lamproies dans les eaux de la Dordogne, frétillent dans les jeux de lumière au rythme de la musique électronique, chaque soir, des environs de Clisson jusqu'au port de Brest. Aujourd'hui, je suis tranquille. Comme j'ai attendu ce jour ! Nous sommes le premier vendredi de mai, un mois sans *r*. Ce matin, je ne recevrai pas de colis de Sergius Orata. La paix m'habite et le ciel est bleu-gris. Je vais te rendre hommage, belle pénerf, ma perle.

Galette saucisse

Il était une fois, en Ille-et-Vilaine, une femme qui confectionnait les meilleures galettes saucisses du pays gallo, donc de la planète. Les fées bienveillantes du cochon breton et de la farine de sarrasin réunis s'étaient penchées au-dessus de son berceau, du sang de druide coulait sans doute dans ses veines.

Un sourire de contentement illuminait son visage pénétré quand elle graissait le *billig*[1] de saindoux, étalait l'onctueuse pâte de farine de blé noir avec la *rozell*, retournait la galette d'un habile mouvement de *palkenn*[2] gravée d'une hermine. La bonne odeur des saucisses bretonnes grillant dans le jardin ouvrait l'appétit du plus chétif végétarien, coupait court aux volontés de carême et mettait en joie tout le village qui sortait binious, bombardes et cornemuses comme si le Stade Rennais avait gagné la Coupe de France de football.

Mais si l'on s'avisait d'adjoindre, crime suprême,

1. Plaque chauffante de 40 centimètres de diamètre.
2. Spatule qui sert à retourner la galette ou la crêpe.

de la moutarde sur son mets, la colère de madame chassait les doutes des esprits crédules et païens : il y avait bel et bien un druide perché dans l'arbre généalogique de cette dame.

Elle avait une fille prénommée Soizic, de loin la plus jolie des supportrices du Stade Rennais, tous les joueurs et l'ensemble du staff technique étaient fous de sa beauté, l'entraîneur plus encore qui la proclama mascotte du club. Cet homme musclé lui fit faire un petit chaperon aux couleurs rouge et noire de l'équipe, qui lui seyait si bien, que partout on l'appelait le Petit Chaperon rouge.

Des grandes galettes pas trop épaisses et toujours souples fourrées d'excellentes saucisses de sa mère, le Petit Chaperon rouge savait profiter pour asseoir son prestige dans les coulisses du Stade Rennais. Elles lui servaient de monnaie d'échange pour avoir la meilleure place dans la tribune d'honneur, accès à tous les entraînements à huis clos et aux vestiaires après chaque rencontre où elle parlait aux journalistes de France 3 et de Radio Armorique, pour voyager à côté de l'entraîneur lors des déplacements en avion.

Un jour, la mère du Petit Chaperon rouge, ayant grillé une belle quantité de saucisses de cent cinquante grammes pas trop grasses dans son jardin et fait autant de galettes, lui cria :

– Puisque tu vas au match, va voir l'entraîneur, j'ai lu dans *Ouest-France* qu'il était sur la sellette à cause des mauvais résultats de l'équipe. Porte-lui ces galettes saucisses et cette bonne bouteille de cidre.

Le Petit Chaperon rouge, qui venait d'avoir son permis de conduire, monta dans sa voiture et partit aussitôt pour Rennes. Chemin faisant, elle ne résista pas à piocher dans le panier de sa mère car ce n'était pas une sainte. Loin s'en faut.

Elle se gara sur le parking du stade où elle rencontra un hooligan de l'équipe adverse, qui, excité par l'odeur, eut très envie de manger ses galettes saucisses plutôt que le kouglof qu'il dissimulait derrière son dos. L'appétit de ce frêle Alsacien était d'autant plus aiguisé que celui-ci n'avait jamais eu l'honneur de déguster le fleuron de la gastronomie bretonne. Mais il n'osa pas se jeter sur le panier du Petit Chaperon rouge entourée de supporters, joyeuse troupe de marins, d'ouvriers, de paysans venus des quatre coins de la région qui chantaient en brandissant un Gwenn ha du[1] : *Galette saucisse /*

1. Drapeau breton.

Je t'aime / J'en mangerais des kilos / Dans toute l'Ille-et-Vilaine / Avec du lait ribot...

Le hooligan demanda au Petit Chaperon rouge où elle allait avec son panier. La pauvre enfant, qui ne savait pas combien il est dangereux d'écouter un hooligan qui n'a jamais mangé la moindre galette saucisse, lui dit :

— Je vais voir l'entraîneur, et lui porter ces galettes saucisses et une bonne bouteille de cidre que ma mère lui envoie.

— Est-il loin ?

— Oh ! non, sans doute dans son bureau, juste à côté des vestiaires, sous la tribune présidentielle que vous voyez tout là-bas.

— Eh bien, je veux aller le voir aussi, c'est un homme charmant, je crois, et il ne mérite pas d'être démis de ses fonctions malgré les piètres résultats du Stade Rennais ; j'y fonce par la tribune nord, et toi par la tribune sud, et nous verrons qui y sera le premier.

— OK !

Le hooligan balança son kouglof sur le trottoir et piqua un sprint par le chemin le plus court, parmi les étals de galettes saucisses qui étaient légion. La jeune fille s'en alla par le chemin le plus long, lui aussi parsemé de ces stands, s'amusant à humer telle saucisse, à attiser les braises d'un barbecue tout en caressant la galette au-dessus d'une pile, faisant la causette aux vendeurs et des bises aux copains de l'association de la *Sauvegarde de la galette saucisse bretonne*.

Ils s'échangeaient les nouvelles du front. Un membre de la confrérie avait pincé un Brestois mangeant son mets avec une seule main ; un autre, un boucher de Dinard qui vendait à un prix exorbitant une saucisse trop grasse. Ce commerçant effronté osait arborer le tee-shirt de l'association. *Ne le dis pas à ta mère, tu la peinerais.*

Faire respecter la charte de la Sauvegarde de l'inestimable trésor était un combat permanent. Une dérogation de la sous-préfecture de Fougères autorisant un Gallo à griller ses saucisses sur le trottoir le dimanche, en fin d'après-midi, avait été une grande victoire qui animait toutes les conversations ce jour-là. *Allez les Rouges et Noirs !* cria le Petit Chaperon rouge en reprenant son chemin.

Trop tard. Le hooligan était arrivé devant le local du coach. Toc, toc.

— Qui est là ?

— C'est le Petit Chaperon rouge, dit le hooligan en contrefaisant sa voix, qui vous apporte des galettes saucisses et une bonne bouteille de cidre que ma mère vous envoie.

L'entraîneur sur la sellette et sur son siège éjectable peaufinait une nouvelle tactique pour ne pas être viré le soir même.

– Hum ! Des galettes saucisses de madame ta mère ! Tire la chevillette, la bobinette cherra.

Le hooligan tira la chevillette, se jeta sur le bon entraîneur, lui cassa la gueule en un temps record car il ne s'était pas battu depuis trois jours, passa son survêtement et s'installa sur son siège éjectable, en attendant le Petit Chaperon rouge qui ne tarda pas à frapper à la porte.

Toc, toc.

– Qui est là ?

Le Petit Chaperon rouge, en entendant la grosse voix du hooligan, eut peur, mais elle crut que l'entraîneur avait reçu sa lettre de licenciement en recommandé :

– C'est votre mascotte, le Petit Chaperon rouge, qui vous apporte des galettes saucisses et une bonne bouteille de cidre que ma mère vous envoie et qui vous mettra du baume au cœur en ces temps difficiles.

Le hooligan en adoucit sa voix :

– Hum ! Des galettes saucisses de madame ta mère ! Tire la chevillette, la bobinette cherra.

Le Petit Chaperon rouge tira la chevillette, et le hooligan se cacha derrière le tableau noir :

– Mets les galettes saucisses et le cidre sur la table, et viens me donner ton avis sur ma nouvelle tactique.

Le Petit Chaperon rouge fut bien étonné de voir comment l'entraîneur était fagoté dans son survêtement. Elle se pencha sur sa feuille.

– Entraîneur, vous avez mis trois avants-centres ?

– C'est pour mieux marquer les buts, mon enfant.

– Entraîneur, vous avez de grands ailiers ?

– C'est pour mieux déborder, mon enfant.

– Entraîneur, que vous avez de grandes oreilles !

– C'est pour mieux entendre les encouragements, mon enfant.

– Entraîneur, que vous avez de grands yeux !

– C'est pour mieux voir le jeu se déployer sur le terrain, mon enfant.

– Entraîneur, que vous avez de grandes dents !

– C'est pour manger tes galettes saucisses, nigaude !

La cruauté de ce conte donne une idée lointaine de l'abattement dans lequel serait plongé tout Breton du pays gallo démuni de sa galette saucisse. Cette privation est impensable.

Dans les villes et les villages, les jours de match, nous flânons autour du stade pour l'odeur rassurante des saucisses qui grillent. À l'issue des rencontres, supporters heureux et déçus se retrouvent autour d'une galette de blé noir, fourrée d'une saucisse de cent cinquante grammes pas trop chère, pas trop grasse, et la dévorent sans moutarde et sans chichis en la tenant religieusement à deux mains.

Pain

Une boulangerie est une bibliothèque. Les pains rangés, des livres classés. Il y en a pour tous les goûts. J'ai toujours perçu le côté voyou de la baguette. Elle évoque le polar. Simple, direct, populaire, on est tout de suite dans le vif du sujet, inutile d'épiloguer. D'ailleurs, on ne peut en faire des tartines mais des sandwiches, pratiques à emporter dans le train ou en pique-nique. Le pain de campagne serait un roman du terroir et le noir un récit macabre, la couronne un livre d'Histoire, le pain individuel une nouvelle. Le défaut de croustillant assimile le pain de mie au roman commercial et sans relief. Il n'est pas défendu de s'en régaler mais sitôt avalé, sitôt oublié. Le pain viennois est une tendre fable pour enfants, le pain d'épice un conte cruel. Enfin, le pain complet fait le tour de la question.

Il en va du pain comme du vin, à chaque mets le sien. La baguette pour la volaille mais jamais sur un poisson qui réclame un pain de seigle à l'instar des fruits de mer. Le pain de campagne pour une viande blanche ou le foie gras, le pain complet accompagne la viande rouge. Le gibier se réserve le pain aux noix lequel se console ainsi d'être méprisé au petit déjeuner. Le pain aux céréales convient à la salade, celui au son aime le fromage.

Toutefois, je préfère cent fois jeûner que d'être privé de mon pain. En toutes circonstances, une baguette croustillante fait l'affaire. Personne ne m'ôtera jamais le pain de la bouche et je bénis les rares boulangers qui persistent à fabriquer des baguettes légèrement brûlées. Ils me connaissent. L'un d'eux m'accueille avec l'œil brillant, le sourire aux lèvres, m'appelle son dernier Mohican. Je suis celui qui lui réclame : *Une baguette bien cuite !*

Tous les dimanches, été comme hiver, c'était un identique refrain : Michel devait se lever tôt. Il arrivait ensommeillé dans la cuisine qui sentait bon le pain grillé au feu de cheminée et que sa mère lui gardait au chaud sous une serviette. Sur la toile cirée constellée des miettes du petit déjeuner des parents, le café fumait dans le bol ébréché où s'inscrivait son prénom. Après avoir allumé le transistor, il prenait son précieux carnet puis s'attablait, soulevait un pan de la serviette sur la pyramide de tartines dorées de pain parisien ou au pavot, de boule de campagne ou de bâtard, dont il beurrait la première.

Sur le ronronnement de la radio, son regard mangeait d'abord la mie luisante et moirée, laissant à son imagination le délice de s'aventurer sur cet astre parsemé de cratères et d'alvéoles. Cette expédition finissait de le réveiller. Il mouillait ensuite le pain dans le café noir, et réglait l'instant de mordre sur le jingle de huit heures. Les actualités commençaient avec la politique mais seule la page des sports l'intéressait. Elle serait développée en fin de journal. Il consignerait les résultats dans son bloc-notes. En attendant, il serait tout à son plaisir gourmand.

Son appétit allait crescendo bouchée après bouchée, que celle-ci fût fondante, craquante, imbibée ou pas de café. Sur la rubrique économique, Michel attaquait sa deuxième tranche couverte de beurre et de miel, tandis que la pulpe de son index dessinait, avec la farine d'un pain répandue sur la nappe, les contours d'un terrain de football.

Aux faits divers, Michel savait que son régal atteindrait bientôt le summum. Il se réservait toujours la délicieuse confiture de rhubarbe pour la bonne bouche, la dernière tartine, la plus épaisse, la plus grande, celle dont les braises de l'âtre lui avaient offert l'idéale patine, le parfait vernis, et qu'il dégusterait sur l'annonce des scores du championnat. Avec le dos de la cuillère, il y étalait déjà la rhubarbe quand l'animateur lançait la météo qui précédait le sport.

Michel ouvrait grand la bouche, résolu à mordre dans sa tartine et à noter les résultats tant attendus, quand les cloches de l'église se mettaient à carillonner. Sa mère apprêtée surgissait alors dans la cuisine : *Mon Dieu, la messe ! Tu es encore en retard, cours à la boulangerie !*

Il lâchait son carnet, jetait sa tartine sur la table en se dressant d'un bond, passait un manteau ou une veste, entendait l'indicatif des sports à la radio et se précipitait sans un mot dans les rues pentues et sinueuses du village. Il fonçait avec la rage au ventre de ne savoir comment s'étaient comportés le Stade Rennais contre les Verts de Saint-Étienne, le FC Nantes à Marseille, Nice à Paris. Il connaissait par cœur toutes les affiches. Dans sa course effrénée, les images se bousculaient dans sa tête où les équipes lui apparaissaient en pleine action sur la tartine dont il venait d'être privé. Le plaisir conjugué du pain grillé et du football était-il un péché ?

Dès que le grelot retentissait dans la boutique, la fille du boulanger sortait de l'arrière-salle. Elle l'avait guetté, inquiète de ne pas le voir arriver, lui tendait le pain rennais tout rond. *Dépêche-toi*, souriait-elle. Il embrassait du regard toutes ces spécialités bretonnes : les pains chapeau et bateau, les bonimates, les mirods, le bara michen ici, le monsic là. *Vite !* insistait la belle boulangère. Grisé par la bonne odeur de baguettes chaudes, le garçon dévalait les rues du bourg en se retenant de ne pas mordre dans la miche.

Les cloches finissaient de sonner quand il poussait la lourde porte de la sacristie, essoufflé. Il lançait le pain dans la corbeille puis, revêtu de la soutane rouge et du surplis blanc d'enfant de chœur, l'emportait avec solennité sur la sainte table de l'autel.

Pendant l'office, le curé bénissait ce pain et proclamait le nom de la famille qui aurait le divin honneur de le rompre. L'heureuse bénéficiaire changeait chaque dimanche, et, pour l'occasion, se plaçait toujours dans l'un des premiers rangs de la nef. Michel lui jetait un regard glacial. Il aurait voulu lui transpercer le cœur d'une rafale de mitrailleuse de l'avoir empêché de déguster sa belle tartine de confiture de rhubarbe en prenant connaissance des résultats des matches de la veille. Maudit pain bénit !

Il en perdit la Foi.

Bénédicité

Seigneur, donnez du pain à ceux qui n'en ont pas car nous, veinards, avons trouvé une miche rassise au lever du jour, et nous allons nous régaler de ces quelques feuilles de laitue jaunies et flétries, rondelles de tomate nappées de mayonnaise sur une face et de ketchup sur l'autre, nous nous partagerons cet os de poulet avec un lambeau de chair rôtie et un bout de papier aluminium, et, sinon le jambon, son gras avec sa couenne intacte, une demi-merguez grillée et des frites ramollies sur lesquelles j'aperçois, Seigneur, de la cendre de cigarette, et puisqu'il nous reste un fond de vin rouge de cette nuit, nous allons pouvoir déjeuner sur ce joli coin de trottoir ensoleillé, à deux pas de la mer et de ses voiliers, à l'ombre de la poubelle qui regorgeait aussi de vieux mégots sans filtre. Seigneur, bénissez ce repas. Au nom du Père, du Fils et du Saint-Esprit. Amen.

Sitophile[1]

Le premier jour, j'achetai des roses par centaines.

Le deuxième jour, le meilleur de nos tailleurs tissa un élégant drap de leurs pétales tuile et corail. Il me remit la fine étoffe pliée avec soin.

Le troisième jour, le plus illustre de nos parfumeurs distilla mes fleurs en une essence rare aux effluves célestes. Il me présenta la fiole de nacre du précieux parfum.

Le quatrième jour, maman prit son livre de recettes et prépara une délicieuse confiture de rose. Elle me proposa l'urne dorée qui contenait le fruit de son patient travail.

Le cinquième jour, je partis sur Portnoy, mon fidèle cheval blanc, muni du drap bicolore, de la fiole nacrée et de l'urne dorée.

Le sixième jour, j'arrivai à Brocéliande. Je conduisis mon cheval à l'abattoir et partis cueillir des orties dans les champs d'alentour.

1. Adepte de la sitophilie, du grec *sitos* : blé et *philia* : amour de..., utilisation de la nourriture à des fins sexuelles.

Le septième jour, Angèle me rejoignit. *Me voici, mon prince*, sourit-elle, l'œil coquin. Elle m'offrit un pot de miel, un autre de crème Chantilly qu'elle avait fouettée de sa blanche main, dans la cuisine du père.

Le premier soir, je baignai longtemps Angèle dans la fontaine puis la conduisis dans la clairière. À la même coupe et sous la lune ronde, nous bûmes un bouillon d'orties chaud. Habile élixir. Un chariot de feu traversa notre ciel d'été. Des korrigans jouèrent du luth dans la forêt quand Angèle s'allongea sur le drap de pétales cousu de fils d'or.

Elle baissa les paupières, apaisée, patiente, ouvrit les bras, les jambes. Malicieux présent. Je parfumai sa nudité de mon essence subtile, respirai jusqu'à l'ivresse la délicate peau blanche, la chevelure noire étalée sous les étoiles, la douce toison. Au loin, une chouette hulula, des libellules volaient. Je caressai et embrassai Angèle, abandonnée et radieuse.

Je plongeai ensuite les mains dans la confiture de maman pour en couvrir le corps de ma beauté. Rose gourmandise. Mon index peignit sa bouche de miel. J'y déposai un long baiser sucré. Angèle lécha mon doigt avant que je ne mordille la pointe érigée de ses seins enduite du même miel, comme l'avait été mon sexe par la paume de mon adorée. Je parai les lèvres veloutées du sien de l'onctueuse chantilly qu'elle avait eu l'heureuse idée d'amener. Ouvrant avec grâce la plaie du plaisir, Angèle chuchota : *À table, mon ange.*

Le premier matin, à son réveil, mais à peine si nous avions dormi, Angèle eut un ardent désir. Elle exigea de moi la confiture, le miel et la crème Chantilly.

Sur notre drap couvert de fraîche rosée, je m'étalai, nu sous un rayon de soleil. Angèle introduisit les mains dans la confiture de ma mère et sourit : *J'ai une faim de loup.*

Bretagne

Gaël habitait sur une rive de l'Oust, en pays bretonnant[1] ; je vivais de l'autre côté, en pays gallo[2]. Pour lui comme pour moi, changer de berge supposait un événement, course cycliste, fest-noz ou *ramaougerie de pommé*[3]. En temps ordinaire, plutôt que de traverser le petit pont, nous restions de part et d'autre de la rivière pour nous engueuler et entretenir la rivalité légendaire entre basse et haute Bretagne.

Aux beaux jours, Gaël s'adossait contre le tronc fluet d'un if tandis que je profitais de l'ombre d'un beau pommier à cidre, un de ceux que le pays bretonnant ne connaîtrait jamais. Gaël pensait que le méandre était plus joli de son côté. Il était évidemment de mauvaise foi.

1. Région ouest de la Bretagne qui garde la tradition de la langue bretonne.
2. Région est de la Bretagne qui parlait jadis un dialecte français.
3. Fête du pays gallo où danses au son de l'accordéon et conteurs accompagnent la préparation du pommé, sorte de confiture fabriquée à partir de pommes et de cidre doux, remués (ramaougés, en patois) dans des cuves en cuivre (pelles) avec un ribot (long manche en bois pourvu d'une raclette ovale).

— Qu'as-tu dans ton panier ? me demandait-il.

— Des craquelins du val de Rance !

— Je ne connais rien de plus fade ! Pas étonnant. De la farine, de l'eau et des œufs. Il faut être gallo pour aimer les craquelins.

— Tu plaisantes ! Regarde ce petit creux, tu mets du beurre, du pommé ou de la confiture. C'est délicieux, tout léger. Il est vrai que vous et la légèreté...

— Qu'est-ce que tu veux dire ?

— Qu'en matière de légèreté, vous vous placez là. Je parie que tu as un kouign amman dans ton panier.

— Et alors ?

— Dans votre langue, gâteau au beurre, n'est-ce pas ? Beurre, farine et sucre. Un tiers, un tiers, un tiers. Laisse-moi rire ! Vous nagez dans la légèreté.

— « Le fait qui veut, le réussit qui peut » dit le dicton. Je ne connais pas un Gallo qui l'ait réussi. Jaloux ! Espèce de parigot !

— Parigot toi-même, sale plouc !

— Si une fois, une seule, tu avais le courage d'aller à Douarnenez, tu comprendrais ce qu'est le vrai kouign amman et l'authentique Bretagne.

— En tout cas, nos délicieux craquelins savent voyager, eux. Ils sont patients, ne nous obligent pas à les manger le jour de leur fabrication comme votre kouign amman. Pourquoi crois-tu que les terre-neuvas les emmenaient sur leurs rafiots ?

— De ce fait nous préférons pêcher la sardine ! Mais tu n'as pas le monopole de la légèreté. J'ai encore dans mon panier un *farz fourn* bien doré, croustillant et... léger.

— Farz fourn ?

— Un far breton, comme vous dites, mais bien meilleur que le vôtre.

— Avec des pruneaux ? Des tranches de pommes ?

— Non, non, nature, selon la recette d'origine. Je l'accompagne juste de crème fraîche.

— À zéro pour cent ?

— Avec un farz ! ? Il faudrait être hypocrite !

— Léger, léger...

Nos considérations sur la beauté des demoiselles bretonnes de l'Est et de l'Ouest ne nous fédéraient pas davantage que la gastronomie. À court d'arguments, Gaël finissait par proférer :

— Personne en basse Bretagne n'a jamais battu sa femme pour une bolée de cidre...

— Foutaise ! Une légende ! Nous n'avons aucune leçon à recevoir d'un pays qui jadis ne mangeait ni champignons ni fromage !

– Nous les remplacions par le beurre salé. Si ce n'est pas être patriote !... Qu'est-ce que tu as roulé dans cette serviette ?

Je lui dévoilais deux belles galettes saucisses qui le laissaient penaud. Il préférait entamer son kouign amman. Il n'avouerait jamais son profond respect pour ce mets incomparable. Dans son for intérieur, il s'interrogeait sur les raisons pour lesquelles notre fleuron avait tant de mal à franchir l'Oust ou, plus au nord, le Leff. Quant à moi, je ne pouvais lui confesser ma passion pour le kouign amman. Sans être du même pays, nous étions d'une même nation et, il faut en convenir, têtus comme des mules.

– Sinon, finissait par dire Gaël, tu les as apportées ?

– Évidemment. Et toi ?

– Évidemment.

Nous les sortions de notre panier. Si nous avions été moins butés, nous aurions pu nous les échanger car elles abolissaient nos frontières et font qu'aujourd'hui encore la Bretagne est unie et unique.

La crêpe nous raccommodait.

Crêpe

La légèreté et la splendeur de mes crêpes ont bâti ma réputation de fin gourmet, d'hôte généreux et, à ma façon de les retourner dans la poêle, d'acrobate hors pair. Elles ne prennent leur véritable identité que saupoudrées d'une grêle de sucre cristallisé, blond ou roux, qui croque sous la dent et révèle leur indicible goût entre vanille et orange que semble traverser un vent de miel, brise d'acacia ou alizé de sapin, selon la saison et mon bon vouloir. Le soupçon d'amertume à peine perceptible, qui rappelle notre pomme Kermerrien, rajoute à leur mystère sans quoi une crêpe n'en serait pas vraiment une.

Un mercredi d'hiver, en plein travail, dans un accès de conscience paternelle et non sans panique, je me dis qu'il était temps de passer aux choses sérieuses et de faire découvrir mes fameuses crêpes à Carla qui allait sur ses cinq ans. J'abandonnai sitôt mon ordinateur, m'habillai et fonçai dans la cuisine. J'avais des œufs et tous les ingrédients nécessaires à la préparation de la pâte, plus un autre qui est mon secret et que je vous dévoilerai (si vous êtes sages).

Carla aima tellement mes crêpes qu'elle voulut faire partager cette découverte à tous ses copains, copines analphabètes de maternelle. Elle me supplia d'en refaire pour eux sans attendre la chandeleur. J'acquiesçai en pensant que j'accélérerais ainsi l'accession à l'âge de raison de cette bande de bambins. J'en concoctai quelques douzaines que j'enroulai dans du papier aluminium et, le lendemain matin, ma fille les distribua avec fierté au corps enseignant et à toute sa classe (surchargée, de surcroît : plus ou moins trente gros bébés).

Le soir même, je reçus plusieurs coups de fil de remerciements des mères de ces enfants privilégiés. *Pensez à nous la prochaine fois !* Dans ces propos enthousiastes empreints de frustration, je vis le signe qui allait changer mon destin avant l'entrée de Carla en CP (qu'elle sautera d'ailleurs avec l'aisance de mon lancer de crêpes).

Je sortis ma fiole cachée sous mon lit, dans un coffre cadenassé, et puisqu'il me restait des œufs, du lait et suffisamment de farine, je me mis au travail avant de me coucher. Excité par l'idée du plaisir qu'auraient ces mamans avant midi, je dormis mal. Debout dès six heures, je tournai d'impatience dans la maison jusqu'à exécuter une danse indienne autour de la table basse du salon, une crêpe dans chaque main. Légèrement recroquevillé, le cou tendu, les épaules rentrées, j'exécutais de petits sauts scandés par un vif balancement des bras. Carla me surprit en caleçon et babouches. Mes cris guerriers l'avaient réveillée. Gêné, je lui brandis les crêpes comme des talismans.

Nous arrivâmes les premiers à l'école. Comme autant de cartons d'invitation, cartes de visite voire tracts publicitaires ou curriculum vitæ, j'offris mes crêpes aux jeunes mères qui arrivaient les unes après les autres. Étonnées par ma bonté inattendue, elles me remerciaient chaleureusement en me dévisageant d'un œil brillant, parfois en déposant un petit bisou glacé sur ma joue. Les plus revêches se contentèrent d'une franche poignée de main – mais les enfants de ces dernières n'étaient pas dans la classe de Carla.

Les coups de fil commencèrent à pleuvoir dès la fin de matinée. Confrontées à la ligne occupée, certaines de mes admiratrices se résignèrent à me féliciter par SMS ou par courriel. *Vos crêpes, ah, vos crêpes ! Cet indéfinissable goût vanillé. Peut-être d'orange. J'ai adoré. Merci, Hubert !* D'aucunes s'excusèrent de leur poignée de main quelque peu cavalière, prêtes à me fournir œufs, lait et farine pour réparer leur goujaterie. *Surtout pas !* m'interposai-je.

Leur enthousiasme me persuada de créer un site Internet dédié à mes crêpes. Je fus élu dès le premier tour à la présidence de l'association des parents d'élèves. Le stand que je tiens désormais chaque année, à la kermesse de l'école, est de loin le plus prisé de tous.

Bien sûr, comme vous, on voulait connaître via mon blog le secret de la succulence de mes crêpes. Cela ne me posait aucun problème de le divulguer en échange de quelque argent liquide. Mais ces femmes étaient réticentes à mettre la main au portefeuille, avançant que, de toute façon, elles n'auraient jamais mon doigté, ma science, mon audace, mon coup de reins, ni mes origines. *Mangez alors*, disais-je en tendant l'assiette. Je laissais entendre que ma recette était un secret d'oreiller. De là à dire la vérité le moment venu...

Mon livre, sobrement intitulé *Ma crêpe*, fit un tabac. Il passionna la presse gastronomique, les journaux et guides touristiques britanniques et néerlandais (qui connaît notre région comprendra). Suite à un élogieux article dans *Ouest-France*, *Newsweek* consacra un filet à *Ma crêpe* lequel mit la puce à l'oreille des rédactions en chef des chaînes de France Télévisions. Nombre des spécialistes de la petite enfance le recommandaient, SOS Racisme y fondait l'espoir d'enrayer la xénophobie, la belle ville de Nantes de réintégrer la Bretagne – il aurait suffi que j'y élise domicile. Le Parti socialiste, qui citait mon ouvrage dans ses tracts (et le vendait à ses Fêtes de la rose), vit dans mes crêpes le symbole d'une unité possible pour une Europe culinairement divisée. Mon nom apparut dans les nomenclatures spécialisées, et même dans les encyclopédies généralistes...

Mais une fois mon pouvoir établi, mon compte en banque affermi, des menaces commencèrent à peser sur moi. Des maris jaloux, sans doute. Des crêpiers de bas étage voulaient savoir, sinon... *Sinon quoi ? Mais que voulez-vous savoir au juste ?* Je mis un terme aux sympathiques dégustations de mes crêpes, supprimai mon site Internet, démissionnai de la présidence des parents d'élèves, exigeai de mon éditeur qu'il pilonnât *Ma crêpe* (ma seule concession fut de conserver mon stand à la kermesse annuelle) après que deux hommes armés et cagoulés m'eurent arrêté lors d'un footing (je suis assez sportif) pour tenter de me faire cracher le morceau. Je réussis à m'échapper sans leur dévoiler mon secret.

Carla en a eu la primeur au début de cette année. Comme je lui ai par ailleurs transmis génétiquement le don de la chose bien faite, elle est devenue experte en crêpes à ma façon. Je suis prêt à parier un kouign amman qu'elle égalera ma perfection avant le collège.

Quand je la surprends à chercher sous mon lit mon insigne fiole, je sais que nous aurons des invités dans l'après-midi, non seulement ses amis de CM2 mais aussi leurs pères et mères, oncles et tantes qui posent une RTT pour l'occasion. Je sors de mon bureau pour les accueillir car je ne suis pas rancunier. Ces messieurs me dévisagent avec suspicion quand leurs dames me saluent d'un clin d'œil appuyé. Je me contente d'un vague sourire puis les laisse entre eux pour retrouver mon ordinateur.

Critique gastronomique

« Le Triomphe de La Renardière », Théodore de Banvillac.

Pari réussi : à peine trois mois après son ouverture et les fastes qui l'accompagnèrent (cf. *Mes Restos*, nº 3254), La Renardière ne désemplit pas. L'établissement de Claude Marquetinge, ex-tête d'affiche de la gastronomie lyonnaise, est en passe de devenir la nouvelle institution que n'osait plus espérer l'extravagante et palpitante rive gauche. Elle peut désormais respirer. Disons-le : le succès de La Renardière n'est que justice tant le cadre y est chaleureux, la carte originale, les mets savoureux, les vins sublimes, la clientèle avisée.

Sous la houlette de son chef Roger La Tour (L'Auberge du moulin, Miramas (13) ; Babel, Lons-le-Saunier (39) – cf. *Mes Restos*, nº 972), l'équipe de jeunes mirlitons que Marquetinge a ramenée de Lyon dans ses bagages redonne aux produits de notre terroir et d'ailleurs des goûts et des saveurs que l'on craignait délayés dans ces sauces insipides qu'une jeune critique à la mode, en mal de notoriété facile, a trop souvent portées aux nues. En résumé, de la mise en bouche (sorbet vert d'artichaut breton) jusqu'au café (préférer le 100 % arabica brésilien au moka italien), tous les détails s'harmonisent à La Renardière afin de vous offrir au juste prix un moment germanopratin inoubliable. Bravo, Claude !

Après un exquis foie de veau au xérès qui repose sur sa gelée d'airelle, tandis qu'une jeune pianiste katangaise réinterprète les mélodies d'Erik Satie, le Tout-Paris des lettres déguste une lamproie à la girondine dans la lueur de la flammèche d'une bougie qui vacille tendrement sur la table (cette flamme est d'ailleurs le seul bémol, cher Claude : la crainte de la voir s'éteindre inopportunément nous habite pendant tout le repas. Mon hors-d'œuvre d'anchois de la Vilaine sur sa galette de blé noir dinannaise tiède en fut quelque peu troublé). Nul ne s'étonnera que le gratin de la chose écrite se sente chez lui à cette adresse. Le grand espace cosy de deux étages, repensé et réaménagé avec génie par l'architecte Jean Nouvel (Lion d'or à la Biennale de Venise, 2000 ; Wolf Foundation Prize, 2005, etc.), fut une maison d'édition de réputation internationale. On y déguste aujourd'hui la divine daurade gros sel à l'achillée baptisée Véronique, élaborée par Roger La Tour (le dimanche seulement).

Le débonnaire Claude Marquetinge vous accueille jusqu'à minuit tous les jours, bras ouverts et cigare aux lèvres, vous désignant les personnalités présentes. Lors de ma visite, le jour de l'Épiphanie, Philippe Sollers (gin et œufs sur le plat aux trois caviars russes, façon Renardière) en compagnie de la toujours fringante Josyane Savigneau (eau gazeuse et côte de bœuf à l'uruguayenne, la fameuse Isidore Lautréamont qui a voyagé avec bonheur entre les berges du Rhône et celles de la Seine). Au dessert, le couple fut rejoint par le philosophe hédoniste Michel Onfray avide de bonnes tables (*cf.* reportage in *Mes Restos*, n° 3127). Leur échange courtois fut agrémenté d'une galette des rois à la poudre de noix bressanes équitablement partagée entre les trois intellectuels. À une table excentrée composée de filles, je reconnus la sémillante Anna Gavalda (poule au riz et petits légumes, yoghourt maison), la pertinente Christine Angot (escouade de grenadins, bombe glacée nappée au miel de framboisier), Amélie Nothomb (intestins grêles à la poire d'avant-hier, corbeille de fruits gâtés, chocolats belges) et Mlle Rika Zaraï (cailles au paprika sur hamac d'avocat et moussaka, verveine menthe).

Dans le livre d'or en cuir précieux (italien), le quatuor unanime a promis de revenir « vite, vite ».

Vous aussi, précipitez-vous à La Renardière (réservations obligatoires) et, pour clore ce moment exceptionnel, laissez-vous tenter par un étonnant dessert de succulentes crêpes (trois à la carte, une au menu). Renversant ! Leur indicible goût entre vanille et orange semble être traversé par un vent de miel de sapin. Je ne saurais vous faire meilleure recommandation.

Menus de 70 à 250 euros. À la carte, compter entre 150 et 320 euros (vins et voiturier compris). 7 jours sur 7. Fermeture exceptionnelle le jour du prix Goncourt.

« Décadence sans grandeur d'un restaurant parisien (ou La fuite des capitaux) », Marc-Antoine Rongefer.

Que les disciples d'Escoffier et de Brillat-Savarin pardonnent aux ignorants qui eurent l'outrecuidance d'encenser Marquetinge à ses débuts ! Trois mois après son intronisation en grandes pompes à Paris, force est de constater que le Villeurbannais ne tient pas les espoirs qu'avait suscités son arrivée dans la capitale.

Grâce aux capitaux d'un pétrolier qatari lequel

se laissa sans doute flouer par sa réputation usurpée, Marquetinge s'offrit les deux étages d'une antique maison d'édition. Jean Nouvel tenta de redonner une âme à ce lieu en friches, mais l'architecte de renom fut autrement mieux inspiré dans un passé récent.

Jouissant d'une situation remarquable dans le quartier de l'édition parisienne, d'une riche clientèle *a priori* captive, nous voulions croire que Marquetinge avait tous les atouts pour réussir. C'était faire fi du fondamental talent dont le chef Roger La Tour manque singulièrement. De Miramas à Lons-le-Saunier où il sévit, il ne sut jamais trouver les armes pour se transcender en dépit d'une concurrence locale impitoyable et des moyens humains et financiers mis à sa disposition. Mon dîner à La Renardière n'a fait que me confirmer son habileté à gaspiller les pétrodollars.

Dès la mise en bouche, un effort vain sous forme d'espèce de sorbet d'artichaut glauque, fade et inconsistant, nous pressentons la galère confirmée avec l'entrée. Des anchois salés à l'excès sur galette annoncée tiède mais qui, étant donné la lenteur du service, vous arrive froide, cassante qui plus est (48 €). Pour sauver la situation et redonner un certain crédit à cette galette, nous cherchons le beurre sur la table. Il n'y en a pas et vous le réclamez au serveur qui juge déplacée votre requête. Il reviendra avec un beurre doux et rance. Le savagnin du Jura vivement conseillé (14 € le verre) pour accompagner noblement ce mets ne peut s'apprécier tant celui-ci est salé. Ce vin est avalé comme la banale boisson désaltérante de distributeur automatique.

Nous poursuivons la douloureuse expérience avec une daurade gros sel à l'achillée dite Véronique (75 €). J'aurais dû esquiver ce plat servi uniquement le dimanche. C'est un jour de trop.

Le dessert est honorable mais ne saurait sauver la soirée. Trois (trop) fines crêpes (45 €) à la saveur mystérieuse (vanille ou orange, je me le demande encore) que semble traverser un léger souffle de miel de sapin. Nous nous apprêtons à rendre les armes quand arrive enfin le café (14 €) commandé vingt minutes auparavant. 100 % arabica brésilien, prétend-on. Alors pourquoi cette sensation de boire un moka italien ? Il n'égale assurément pas celui du zinc du bar-tabac (1,10 €) de ma rue où je me suis précipité après avoir réglé les 220 euros de mon addition.

Les mets ne valent pas le déplacement mais réservez à La Renardière pour son ambiance (il existe un menu à 70 €). Vous verrez, c'est édifiant. On y est comme au cirque. Éditeurs, écrivains à succès, pigistes imberbes, aiment à s'y pavaner. Bruyamment. Car Marquetinge pousse le bouchon d'inviter une musicienne qui joue sur un piano désaccordé l'illustre Erik Satie !

Ce n'est pas avec un tel programme que la rive gauche redorera son blason. À bon entendeur, salut !

Le billet de mauvaise humeur de Casimir Poulain :

« Une pianiste katangaise à La Renardière. »

Le restaurant de Claude Marquetinge tente d'allier la modernité et la tradition dictées par son environnement à la fois branché et littéraire. D'un côté, une jeunesse intrépide, de l'autre des vieux loups rusés comme des renards. Tout serait simple si ces deux ethnies gardaient leurs distances entre elles mais, hélas pour Marquetinge, elles n'aiment rien de mieux que de se mélanger. À cet égard, La Renardière est à n'en pas douter un de leurs endroits privilégiés sinon obligés.

Claude Marquetinge paraît avoir perdu son latin dans ces jeux de pouvoir souterrains. Sa cuisine en subit les fâcheuses conséquences. Elle ne choisit jamais son camp. Il en résulte un mariage aussi stupide qu'étrange. Les saveurs se livrent un combat de tranchées, au mieux une querelle de clochers. Tel un laideron dans son miroir, les viandes, confrontées à leurs tristes consistances, s'interrogent sur le bien-fondé de leur présence ici, et ce, sans nulle honte, devant des légumes dubitatifs et désarmés, racornis. Les sauces se découragent et préfèrent ne pas s'en mêler. En l'occurrence, nous regrettons leur manque de volonté.

Ainsi, la même carte propose-t-elle une poule au riz (tradition) et petits légumes (modernité), des intestins grêles à la poire d'avant-hier (ô combien contemporain) y côtoient une escouade de grenadins (classique), la célèbre côte de bœuf Isidore Ducasse (dans la pure tradition littéraire) est servie avec une sauce tortue (jeunesse oisive). Enfin, que dire, si ce n'est rien, des ringardes cailles au paprika sur hamac d'avocat et moussaka ?

Le chef Roger La Tour est à la baguette d'une équipe de joyeux drilles lyonnais. Nous avons plusieurs fois salué dans ces mêmes colonnes le talent de celui qui fit les belles nuits de la Saint-Sylvestre de Miramas et qui rendit à Lons-le-Saunier son prestige d'antan avec sa véronique (une daurade gros sel à l'achillée). Quand il rejoignit Marquetinge du côté de Lyon, nous criions déjà victoire à la simple vue de ses plats. Nous savions que le meilleur était à venir. En effet, les mets de La Tour triomphaient en passant des pupilles aux papilles. *Aujourd'hui, je me demande où sont allés se perdre ses pieds de porc, son fameux tablier de sapeur, ses quenelles. Dans le Rhône ? Dans la Seine ?* répondis-je quand même à Philippe Sollers. *Peut-être dans la Saône*, plaisanta-t-il. *Savez-vous*, continuai-je, *que notre cher Claude remet en question sa fermeture de La Renardière le jour du prix Goncourt ?* Affaire à suivre.

Mais revenons à La Renardière. Pendant que vous dînez, une belle pianiste d'origine africaine (Lubumbashi en République démocratique du Congo l'aurait vue naître) joue les compositions d'Erik Satie avec maestria. L'inventivité se trouve ici, pas dans votre assiette. L'artiste réinterprète en effet les *Gymnopédies* et les *Gnossiennes* à la manière, par exemple, d'un Elton John inspiré. Du meilleur goût ! Jolie trouvaille. Le mariage entre cet hier et l'aujourd'hui est une vraie réussite. Je suis sincère. Sans doute faut-il y voir la raison pour laquelle la fine fleur des écrivains francophones se presse à La Renardière. Pour la musique et rien d'autre, sinon, bien sûr, pour le pouvoir précédemment évoqué.

Chers lecteurs, après trente-six ans de chroniques gastronomiques, l'heure de ma retraite sonne. Je vous dois un aveu : Casimir Poulain signe aussi sous les noms de Théodore de Banvillac et Marc-Antoine Rongefer.

En remerciement de votre fidélité, je tiens à vous offrir un dernier conseil. La Renardière propose un dessert sublime : des crêpes au goût indicible entre vanille et orange que semble traverser un souffle de miel de sapin. Hélas, je n'en possède pas le savant secret. Un seul regret au moment de quitter cette belle profession.

Pêche

J'aimerais être poète pour composer une ode à la pêche. Pour vous plaire, chanter son unique beauté, sa peau de velours éclaboussée de taches vertes, jaunes, rouges, roses et dorées qui ne sont évidemment ni vertes, ni jaunes... Ma palette ne connaît pas les couleurs du sublime.

Et si ma gamme avait les notes, elle louerait sa sensualité. Je vous séduirais en célébrant l'épiderme délicat de la pêche que mes yeux et mes doigts caressent, ma bouche embrasse avant d'en mordre la chair gorgée de jus. Pour vous, je voudrais concevoir le mot juste, entre rêve et voyage, qui traduirait ceci : la manger c'est la boire. Je la dévore jusqu'au cœur pour la comprendre, en lèche le noyau pour la posséder tout entière. Ah, si je pouvais, sans faute de goût, confesser le péché de délectation !

Si je possédais aussi l'arbre des mots abreuvés de soleil et de plaisir, vous sauriez pourquoi la pêche blanche est ma compagne de tous les étés. Je la couche dans mon panier, la croque dans mon lit et l'invite dans mon bain. Pour elle, je deviens fripon, bandit ou filou car je la vole sur les étals, la chipe dans les vergers et, méfiez-vous, la ravit de votre corbeille de fruits.

Si j'étais poète, je vous éblouirais. Ce n'est pas faute d'avoir essayé. Les muses jalouses m'ont abandonné. Tant pis. Imaginez-moi contemplant le fruit du désir. La pêche est une femelle lascive.

Communion

Bruits de couverts, murmures.

LE PARRAIN : J'ai l'estomac dans les talons, moi.

LA MARRAINE *(au communiant)* : Quelle belle cérémonie ! Tu étais de loin le plus beau de tous. De près aussi. *(Sourire.)*

LE PARRAIN : Ah ! Voilà l'entrée. Pas trop tôt. Par ici, la bonne soupe, s'il vous plaît. Des bouchées à la reine, je parie.

LA MARRAINE : Tu es magnifique dans ton aube blanche. C'est joli, *bouchée à la reine*, tu ne trouves pas ? Mignon comme tu es, les filles doivent te courir après. Tu as une petite amie ?

LE COMMUNIANT : Non.

LE PARRAIN : Je l'avais bien dit. Des bouchées à la reine !

LA MARRAINE : Pas possible. Avec d'aussi beaux yeux bleus. Je ne te crois pas.

LE COMMUNIANT : Non, non.

LE PARRAIN : Tous ces kilomètres pour une bouchée à la reine...

La marraine : Eh bien, elles ne savent pas ce qu'elles ratent. Moi, à leur place... Un joli blond comme toi.

Le parrain *(à la serveuse)* : Je peux en avoir une deuxième, mademoiselle, s'il vous plaît ? J'ai faim. J'ai fait cent vingt bornes, ce matin... Ce n'est pas rien d'être parrain ! Ça rime en plus. *(Rires.)* Merci, ma poule.

La marraine : Bon, mange, mon chéri. Tu dois avoir faim. Ce n'est pas avec une hostie dans le ventre... Essaie de ne pas salir ta belle aube.

Le parrain : Ces bouchées à la reine ne sont pas terribles. Difficile de nos jours d'en trouver de bonnes. Enfin, ça cale.

Deux voix *(en chœur)* : Le parrain, une blague ! Le parrain, une blague !

La marraine : Mince ! C'est moi qui tache ma robe. *(Elle verse un peu d'eau sur sa cuisse.)* Tu veux bien frotter avec ta serviette ?

Le parrain *(en aparté au communiant qui nettoie la robe)* : Celles de la communion de ta sœur étaient bien meilleures.

Bruits de couverts, brouhaha.

LA MARRAINE : Oh ! La jolie poularde que voilà !

LE PARRAIN : Ce n'est pas si facile de faire une bonne poularde. *(À la serveuse :)* N'est-ce pas, ma poule ? *(Après un silence :)* Vous savez pourquoi les poules n'ont pas de seins ?

LA SERVEUSE : Non, monsieur.

LE PARRAIN : Parce que les coqs n'ont pas de mains ! *(Rires.)*

LA MARRAINE : Tu as mis quoi sous ton aube ? Un pantalon ou une culotte courte ?

LE COMMUNIANT : Short.

LA MARRAINE : Tu as bien fait. Tu dois être à l'aise ! Tu sais que les Écossais ne mettent rien sous leur kilt ?

LE COMMUNIANT : Oui.

LA MARRAINE : Mais, après tout, ce n'est pas un kilt que tu as.

LE COMMUNIANT : Non.

LE PARRAIN : Qu'est-ce que je disais ! Je l'avais bien dit. Trop cuite. Beaucoup trop. La poularde ne doit pas cuire autant. La viande est sèche. Où est la sauce ? Ah, oui, là. Passe-moi le pain, mon petit.

LE COMMUNIANT : Voilà.

LA MARRAINE : Tu veux un peu de sauce ?

LE COMMUNIANT : Oui.

Le parrain : C'est comme la dinde. On dit la dinde, la dinde. Mais sa chair est sèche. La dinde, c'est très surfait. C'est simple, à Noël, nous faisons toujours du chapon, nous.

La marraine : Elle te plaît, la sauce ?

Le communiant : Oui.

Le parrain : Le chapon c'est moins sec que la dinde.

La marraine : Ne tache pas ton aube avec ta sauce, mon blond.

Le parrain : Rien à voir. Je leur en foutrais, moi, de la dinde.

La marraine : Ah ! Décidément, je suis maladroite. Je vais encore avoir besoin de toi. Un peu plus haut, la tache de sauce.

Bruits de couverts, cacophonie.

Le parrain : La pièce montée. On n'allait pas y couper.

Le communiant : Non.

Le parrain *(à la serveuse)* : Vous connaissez l'histoire de la poule qui a avalé un élastique ?

La serveuse : Non, monsieur.

Le parrain : Elle a pondu cinq fois le même œuf. *(Rires.)*

La marraine : Dis, tu ne viens pas souvent me voir. Tu devrais. Je n'habite pas si loin de chez toi. Un mercredi. Pourquoi ne viendrais-tu pas un mercredi ? Je ne bouge pas de la maison.

Le parrain : Trois ! Pourquoi trois ? Je n'ai pas fait tout ce chemin pour seulement trois choux à la crème. Si c'est comme ça, le communiant est pour bibi *(il attrape le communiant en sucre de la pièce montée)*.

La marraine : On pourra même aller au cinéma, si tu veux. Si tu ne veux pas aller au cinéma, on restera à la maison. J'ai des DVD. On n'est même pas obligés de regarder un DVD. On n'est pas obligés.

Le communiant : C'est sûr !

La marraine : Tu viens vers trois heures et nous n'allons pas au cinéma ni ne regardons de DVD.

Une voix dans l'assemblée : Allez, parrain, s'il te plaît, une petite blague de derrière les fagots.

Le parrain se lève. Quelqu'un frappe sur une bouteille avec un couteau, réclame le silence.

Le parrain : Jésus, un jour de pleine forme, marche sur l'eau...

La marraine *(à l'oreille du communiant)* : Je te ferai un bon goûter. Tu verras.

Le parrain : ... Un de ses apôtres, dans l'eau, lui dit : « Tu as tort, Jésus, elle est bonne ! »

Rires et applaudissements.

La serveuse : Cognac, armagnac, alcool de poire, calva, schnaps ?

Le parrain *(sérieux)* : Rien merci. Je conduis. J'ai des kilomètres à faire, moi. *(Rires.)* Un peu de chaque, ma poule ! *(Rires.)* Comme dit l'autre, boire ou conduire, il faut boire ! *(Rires.)*

La marraine : Crotte ! Et zut à la fin ! Le cognac, ça tache ! Je suis sûre que ça tache. Je suis désolée. Excuse-moi. Ta belle aube toute blanche ! Il faut vite nettoyer. Viens, je vais réparer ça dans les toilettes.

Le communiant et la marraine se lèvent.

Le communiant : On se verra aussi mercredi ?

La marraine : Mais bien sûr, mon filleul ! Allez, dépêchons-nous. Certaine que le cognac tache. Donne-moi la main.

Ils quittent la table.

Le parrain *(à la serveuse)* : Remettez-moi donc une petite goutte... pour digérer.

Secret

Il y a deux minutes, ma fille Carla m'a apporté des crêpes de sa confection. Ensuite, avec une délicate précaution, elle a couché dans le coffre notre fiole secrète : je lui confie désormais l'élaboration de cette potion magique. Elle m'a donné la clef après avoir remisé le coffre sous le lit.

Puis Carla s'est penchée sur mon travail et, lisant ces lignes que je vous adresse, m'a chuchoté de ne surtout rien dire à propos de notre mystérieuse recette. Ces derniers temps, vous n'auriez pas été aussi sages que vous le prétendez. Je l'ai rassurée. Croix de bois, croix de fer...

Nous avons dégusté en silence ses crêpes saupoudrées d'une grêle de sucre blond qui croquait sous la dent et révélait leur indicible goût entre vanille et orange que semblait traverser un vent de miel, alizé de sapin et brise d'acacia.

L'auteur
tient à remercier
le Centre national du livre
pour son aide précieuse.

Dans la même collection

Sous les mets les mots
Claude Pujade-Renaud

Voyages en gourmandise
Chantal Pelletier

À ma bouche
Martin Winckler

Un goût de soleil
Anne Bragance

Cet ouvrage a été composé et mis en pages
par ÉTIANNE COMPOSITION
à Montrouge.

Achevé d'imprimer sur les presses de

BUSSIÈRE

GROUPE CPI

à Saint-Amand-Montrond (Cher)
pour le compte de Nil éditions
en octobre 2007

Dépôt légal : octobre 2007
N° d'édition : 48149/01 - N° d'impression : 073346/1

Imprimé en France.